Sri Satyanarayan Vrat

By Divinebharat

Art By Sujata Saha

ISBN: 978-93-344-2652-6

Publisher: DivineBharat
Designer: Sujata Saha
Website: www.divinebharat.co

Table of Contents

Preface

Worshipping Truth as Narayan (Lord Vishnu) is known as the Satyanarayan Puja. Through this vrat, devotees believe that by following truth and dharma, one can attain happiness, prosperity, and spiritual liberation in life. The main purpose of the Satyanarayan Puja is to remove obstacles, difficulties, and crises from one's life. In addition, devotees observe this vrat to fulfill their desires, ensure family well-being and prosperity, and achieve spiritual progress. This puja is also performed on special occasions such as birthdays, weddings, housewarmings, and other auspicious events.

The Satyanarayan Vrat can be observed on any full moon (Purnima), Ekadashi, or Thursday. Both men and women can perform this puja and follow the associated story.

The tradition of this vrat is mentioned in the dialogue between Sage Narada and Lord Vishnu. When Narada saw the suffering and scarcity on Earth, Lord Vishnu instructed him about this vrat and also commanded him to narrate its story. The Lord also said that during this vrat, it is essential to invite relatives, neighbors, and friends for a feast and offer a variety of fruits. By doing so, one's sorrows and poverty are removed, and one attains happiness and prosperity.

The Satyanarayan Vrat Katha is found in the Revakhanda of the Skanda Purana. The main characters of the story include Shatananda Brahmin, a wood seller, Bhil king Ulkamukh, a merchant named Sadhu, and King Tungadhwaj. Traditionally, Shri Satyanarayan Vrat Katha is available in 170 Sanskrit shlokas divided into five chapters:

- **Chapter 1** – The dialogue between Sage Narada and Lord Vishnu, and the procedure of the vrat.
- **Chapter 2** – The story of a poor Brahmin.
- **Chapter 3** – The story of the merchant Sadhu and his daughters (Leelavati and Kalavati).
- **Chapter 4** – The journey of Sadhu across the sea, his troubles due to forgetfulness, and eventual blessings.
- **Chapter 5** – The story of King Tungadhwaj, who disrespected the prasadam, faced adversity, and ultimately attained liberation by observing the vrat.

Following the main story, scriptures and puja manuals usually include the **phala-shruti (benefits) or mangal shlokas**, which state that anyone who listens to or observes this vrat story with devotion attains all happiness, children, wealth, liberation, and the abode of Lord Vishnu.

Regional Variations

- In some regions, Ganesh Puja and Kalash Puja are performed together.

- The number of invited deities varies according to tradition, which also changes the number of coins and betel leaves used in the puja.

- The prasad may vary with region.

Items Required

- Turmeric powder
- Kumkum (red vermilion)
- Navadhanya (nine types of grains/herbs offered to the Navagrahas)
- Incense sticks (Agarbatti)
- Camphor
- Sandalwood paste
- Framed picture of Lord Satyanarayan
- Small idol or coin of Lord Satyanarayan (optional)
- Wheat or sorghum
- Betel leaves
- Betel nuts (Supari)
- Coins • Dates / Almonds
- Coconut
- Flowers and flower garlands
- Two Kalash (pots) – one for installation and one for the ritual

(can be silver, copper, brass, or clay)

- plates • Bell
- One large pedestal (for the altar)
- Large yellow cloth (to cover the altar) – yellow is Lord Satyanarayan's favorite color
- Yellow or red cloth for the Kalash
- Ghee lamp • Oil lamp
- Cotton wicks
- Panchamrit (a mixture of milk, curd, honey, sugar, and ghee, uncooked)
- Conch shell (Shankh)
- Tulsi leaves / Tulsi flowers
- Banana tree or banana leaves (for a canopy)
- White sesame seeds (2 teaspoons)
- Rose flower (Lord's favorite flower)

Sri Satyanarayan Vrat Puja Vidhi

Preparation for the Vrat:

- On the eve of the vrat, take the Sankalp (vow) and meditate on Lord Satyanarayan.
- On the day of the vrat, take a bath in the morning and wear clean clothes.
- If possible, observe a fast throughout the day and partake of the Prasad only after the puja.
- Decorate the entrance with mango leaves.
- Clean the puja area and place the altar (Vedi) in the east direction. Spread a white cloth on it and sprinkle raw rice over it.
- Decorate the altar with rangoli or flowers.
- Place a Kalash (pot) in the center of the altar. Fill it with betel nuts, coins, barley or wheat, and

clean water. Place a coconut on top, wrapped in a red cloth, and add five mango leaves. Tie a Mauli (sacred thread) around the Kalash and draw a Swastik on it.

- Place a framed picture or idol of Lord Satyanarayan behind the Kalash. Offer flowers, garlands, sandalwood paste, and kumkum on it.
- Keep all puja materials near the altar.
- All devotees should sit facing the altar.

Special Naivedya / Prasad:

- Panchamrit – Prepare a mixture of milk, curd, ghee, honey, and sugar.
- Panjiri / Kasar – Roast wheat flour in ghee, then mix with sugar, dry

fruits, and Tulsi leaves. Offer fruits such as banana, apple, etc., as well.

The method of preparing prasad varies by region and is known by different names, such as Prasadam in South India, Marathi Sheera, Gujarati Sheera, Bengali Sini, Punjabi Panjiri, etc.

(Puja Procedure / Sequence)

1. **Shri Ganesh Pooja**
2. **Kalash Poojan**
3. **Pancha Dev Poojan**
4. **Shodasha Matrika Poojan**
5. **Navagraha Poojan**
6. **Satyanarayan Bhagwan ka Poojan**
7. **Satyanarayan Vrat Katha Shravan**
8. **Aarti**
9. **Prasad Vitaran**

Mangalam Bhagwan Vishnuh,
Mangalam Garudadhwajah I
Mangalam Pundari Kakshah,
Mangalaya Tano Hari II

Shri Satyanarayan Ashtottara Shatanamavali

Om Narayanaya Namah
Om Naraya Namah
Om Sauraye Namah
Om Chakrapanaye Namah
Om Janardanaya Namah
Om Vasudevaya Namah
Om Jagadyonaye Namah
Om Vamanaya Namah
Om Jnanapanjaraya Namah (10)
Om Shrivallabhaya Namah
Om Jagannathaya Namah
Om Chaturmurtaye Namah
Om Vyomakeshaya Namah
Om Hrishikesaya Namah
Om Shankaraya Namah
Om Garudadhvajaya Namah

Om Narasimhaya Namah
Om Mahadevaya Namah
Om Swayambhuve Namah
Om Bhuvaneshvaraya Namah (20)
Om Shridharaya Namah
Om Devakiputraya Namah
Om Parthasarathaye Namah
Om Achyutaya Namah
Om Shankhapanaye Namah
Om Paranjyotishe Namah
Om Atmajyotishe Namah
Om Achanchalaya Namah
Om Shrivatsankaya Namah
Om Akhiladharaya Namah (30)
Om Sarvalokapratiprabhave Namah
Om Trivikramaya Namah
Om Trikalajnanaya Namah
Om Tridhamne Namah
Om Karunakara Namah
Om Sarvajnaya Namah
Om Sarvagaya Namah
Om Sarvasmai Namah
Om Sarveshaya Namah
Om Sarvasakshikaya Namah (40)

Om Haraye Namah
Om Sharngine Namah
Om Haraya Namah
Om Sheshaya Namah
Om Halayudhaya Namah
Om Sahasrabahave Namah
Om Avyaktaya Namah
Om Sahasrakshaya Namah
Om Aksharaya Namah
Om Ksharaya Namah (50)
Om Gajarighnaya Namah
Om Keshavaya Namah
Om Keshimardanaya Namah
Om Kaitabharaye Namah
Om Avidyaraye Namah
Om Kamadaya Namah
Om Kamalekshanaya Namah
Om Hanshashatrave Namah
Om Adharmashatrave Namah
Om Kakutthsaya Namah (60)
Om Khagavahanaya Namah
Om Nilambudadyutaye Namah
Om Nityaya Namah
Om Nityatriptaya Namah

Om Nityanandaya Namah
Om Suradhyakshaya Namah
Om Nirvikalpaya Namah
Om Niranjanaya Namah
Om Brahmanya Namah
Om Prithivinathaya Namah (70)
Om Pitavasase Namah
Om Guhashrayaya Namah
Om Vedagarbhaya Namah
Om Vibhave Namah
Om Vishnave Namah
Om Shrimata Namah
Om Trailokyabhushanaya Namah
Om Yajnamurtaye Namah
Om Ameyatmane Namah
Om Varadaya Namah (80)
Om Vasavanujaya Namah
Om Jitendriyaya Namah
Om Jitakrodhaya Namah
Om Samadrishtaye Namah
Om Sanatanaya Namah
Om Bhaktapriyaya Namah
Om Jagatpujyaya Namah
Om Paramatmane Namah

Om Asurantakaya Namah
Om Sarvalokanamantakaya Namah (90)
Om Anantaya Namah
Om Anantavikramaya Namah
Om Mayadharay Namah
Om Niradharay Namah
Om Sarvadharay Namah
Om Dharadharay Namah
Om Nishkalankaya Namah
Om Nirabhasaya Namah
Om Nishprapanchaya Namah
Om Niramayaya Namah (100)
Om Bhaktavashyaya Namah
Om Mahodaraya Namah
Om Punyakirtaye Namah
Om Puratanaya Namah
Om Trikalajnaya Namah
Om Vistarashravase Namah
Om Chaturbhujaya Namah
Om Shrisatyanarayanaswamine Namah (108)

Shri Skandapurane Revakhande

Shri Satyanarayan Vrat Katha

(Sanskrit)

II Shri Ganeshaya Namah II

II Shri Paramatmane Namah II

Atha Katha Prarambhah
Atha Prathamo Adhyayah

Shri Vyas Uvacha:

Ekada Naimisharanye Rishayah Shaunakadayah |
Praprachhur Munayah Sarve Suta-pauranikangah || 1 ||

Rishayah Ucuh:

Vratena Tapasa Kim Vapyate Vanchitam Phalam |
Tatsarvam Shrotum Icchamah Kathayasva Mahamune || 2 ||

Suta Uvacha:

Naradenaiwa Samprishto Bhagavan Kamalapatih |
Surarshaye Yathaivaah Tach Shrunudhwam Samahitaah || 3 ||

Ekada Narado Yogi Paranugrahakankshaya |
Paryatan Vividha Llokanmartyalokam Upagatah || 4 ||

Tato Drishtva Janan Sarvann Anaklesh Samnvitan |
Nanayonisamutpannan Klishyamanan Swakarmabhih || 5 ||

Kenopayena Chaitesha Dukhkhanasho Bhaved Dhruvam |
Iti Sanchintya Manasa Vishnulokang Tatada || 6 ||

Tatra Narayanandevam Shuklavarna Chaturbhujam |
Shankh-Chakra-Gada-Padma-Vanamalavibhushitam || 7 ||

Drishtva Tan Devadevesham Stotum Samupachakrame ||

Narad Uvacha:
Namo Vangamanasatitarrupayanantashaktaye |
Adimadhyantahina Nirgunaya Gunatmane || 8 ||

Sarveshamadibhootaya Bhaktanamartinashine |
Shrutva Stotra-tato Vishnurnarada-pratyabhashat || 9 ||

Shri Bhagavan Uvacha:
Kimartham Agato Asi Tva Kinte Manasi Vartate |

Kathayasva Mahabhag Tat Sarva
Kathayami Te || 10 ||

Narad Uvacha:
Martyaloke Janan Sarve Nanaklesh
Samanvitah |
Nanayonisamutpannah Pachyante
Papakarmabhih || 11 ||

Tatkatham Shamayennath
Laghupayena Tadvad |
Shrotum Icchami Tatsarva Kripasti
Yadi Te Mayi || 12 ||

Shri Bhagavan Uvacha:
Sadhu Prashtantvaya Vats
Lokanugrahakankshaya |
Yatkrutva Muchyate Moh
Tatschrunushva Vadami Te || 13 ||

Vratam Asti Mahat Punyam Swarge
Martye Cha Durlabham |

Tava Snehan Maya Vats Prakashah
Kriyate Adhuna || 14 ||

Satyanarayanasyaiva Vratam
Samyagvidhanatah |
Krtva Sadya Sukha Bhuktva Paratra
Moksham Apnuyat || 15 ||
Tatschrutva Bhagavad Vakyan
Narado Munir Abravit |

Narad Uvacha:
Kim Phal Kim Vidhanam Krtakenaiva
Tad Vratam |
Tatsarvam Vinstarad Bruhi Kada
Karyam Vratam Prabho || 16 ||

Shri Bhagavan Uvacha:
Dukhashokadishaman Dhan Dhanya
Pravardhanam || 17 ||
Saubhagya Santatikaram Sarvatra
Vijayapradam |
Yasmin Kasmid Dine Martyo
Bhaktishraddha Samanvitah || 18 ||

Satyanarayanandevam Yanjechaiva Nishamukhe |
Brahmaneer Bandhavaishcha Sahito Dharmataparah || 19 ||

Naivedyam Bhaktito Daddya Athsapad Bhakshyam Uttamam |
Ramphaphal Anghrit Angkshir Angodhoomasya Cha Churnakam || 20 ||

Abhave Shalichurnam Va Sharkara Va Gudastatha |
Sapadam Sarvabhakshyani Chaikikrutya Nivedayet || 21 ||

Vipraya Dakshina Daddyaat Katham Shrutva Janais Sah |
Tatashcha Bandhubhis Sardham Vipranshcha Pratibhojayet || 22 ||

Prasad Bhakshayed Bhaktya Nritya Geetadika Charayet |
Tatashcha Swagriha Gacchet Satyanarayanam Smarann || 23 ||

Eva Krite Manushyanam Vanchasiddhir Bhaved Dhruvam |
Visheshatah Kaliyuge Laghupayo Asti Bhutale || 24 ||

|| Iti Shri Skandapurane Revakhande Shri Satyanarayan Vrat Kathaya Prathamo Adhyayah || 1 ||

Atha Dvitiyo Adhyayah

Suta Uvacha:
Atha Anyath Sampravakshyami
Kritam Yena Pura Dwijah |
Kaschi Tikashire Pure Ramye Hyasid
Viprah Atinirdhanah || 1 ||

Khuttirdbhyam Vyankulobhutva Nitya
Mabrham Bhutale |
Dukhitam Brahmanandrishthva
Bhagavan Brahmanapriyah || 2 ||

Vriddhabrahman
Roopastampaprachcha Dwijam
Adarat |
Kimartha Mbramase Vipra Mahim
Nityam Sudukhitah || 3 ||
Tatsarvam Shrotum Icchami
Kathytam Dvij Sattam |

Brahman Uvacha:

Brahmano Ati Daridro Ah
Ambhikshartham Vain Bhrame
Mahim || 4 ||
Upayam Yadi Janasi Kripaya Kathay
Prabho |

Vriddhabrahman Uvacha:

Satyanarayanah Vishnur
Vanchitarthaphalapradah || 5 ||

Tasya Tvampujanam Vipra Kurushva
Vratam Uttamam |
Yatkrutva Sarvadhukhebhyo Mukto
Bhavati Manavah || 6 ||

Vidhan Cha Vratasyapi
Viprayabhashya Yatnatah |
Satyanarayanah Vriddhastatraiva
Antaradhiyatah || 7 ||

Tad Vratam Sankarishyami Yadukta
Mbrahmanena Vai |

Iti Sanchintya Viprah Asau Ratra
Nidra Na Labdhavan || 8 ||

Tatah Prata Samutthaya
Satyanarayanavratam |
Karishyati Iti Sankalpya
Bhikshartham Agamad Dvijah || 9 ||

Tasminnev Dine Viprah Prachur
Dravyam Aaptavan |
Tenaiva Bandhubhis Sardham
Satyasya Vratam Acharat || 10 ||

Sarvadhukhavinirmukta
Sarvasampatsamanvitah |
Babhuva Sa Dvijeshrestho
Vratasyasya Prabhavatah || 11 ||

Tatah Prabhriti Kala Cha Masi Masi
Vratakritam |
Evam Narayanasyedam Vratakritva
Dvijottamah || 12 ||

Sarvapapavinirmukto Durlabham Moksham Aaptavan |
Vratam Asya Yada Viprah Prithivyam Sankarishyati || 13 ||

Tadaiva Sarvadhukhtu Manujasya Vinashyati |
Evam Narayaneno Ukt Naradaya Mahatmane || 14 ||
Maya Tat Kathitam Viprah Kim Anya Kathayami Vah |

Rishayah Ucuh:
Tasmad Viprach Shrutakena Prithivya Charitam Mune |
Tatsarvam Shrotum Icchama Shraddha Asmak Prajayate || 15 ||

Suta Uvacha:
Shrinudhwam Munayah Sarve Vratam Yena Kritam Bhurvi |
Ekada Sa Dvijavaro Yathavibhava Vistarah || 16 ||

Bandhubhis Svajanaih Sardham
Vratam Kartum Samudyatah |
Etasmin Antare Kale Kashthakreta
Samagat || 17 ||

Bahih Kashta Cha Sansthapy
Viprasya Griham Aayau |
Trishnaya Piditatma Cha Drishtva
Vipra Kritam Vratam || 18 ||

Pranipatya Dvijam Prah Kimid
Kriyate Tvaya |
Krite Kim Phalam Apnoti Vistarad
Vad Me Prabho || 19 ||

Vipra Uvacha:
Satyanarayanesyam Vratam
Sarvepsitapradam |
Tasya Prasadan Me
Sarvadhanadhanyadik Mahat || 20 ||

Tasmad Etad Vrat Jnatva
Kashthakreta Atiharshitah |
Papau Jalam Prasadam Cha Bhuktva
Sa Nagaram Yayau || 21 ||

Satyanarayanandevam Manasa
Ityachintayat |
Kashtam Vikrayato Grame Prapyate
Chadya Yad Dhanam || 22 ||

Tenaiva Satyadevasya Karishy
Vratam Uttamam |
Iti Sanchintya Manasa
Kashtandhrutva Tu Mastake || 23 ||

Jagam Nagare Ramye Dhaninam
Yantra Samsthiti |
Taddine Kashtam Mulya Cha Dvigu
Na Praptavanasau || 24 ||

Tatah Prasannah Hridaya Supakva
Kandali Phalam |

Sharkaraghruta Dugdham Cha
Godhoomasya Cha Churnakam || 25 ||

Krtva Ekatra Sapadam Cha Grihitva
Swagriham Yayau |
Tato Bandhun Samahuy Chakar
Vidhina Vratam || 26 ||

Tad Vratasy Prabhavena
Dhanaputranvita Ohavat |
Ihaloke Sukham Bhuktva Chante
Satyapuram Yayau || 27 ||

II Iti Shri Skandapurane Revakhande
Shri Satyanarayan Vrat Kathaya Dvitiyo
Adhyayah II 2 II

Atha Tritiyo Adhyayah

Suta Uvacha:

Punaragre Pravakshyami
Shrinudhwam Muni Sattamah |
Pura Cholkamukho Nama Nripash
Chasin Mahamatih || 1 ||

Jitendriya Satyavadi Yayau
Devalayam Prati |
Dine Dine Dhanadattva Dvijan
Santosha Yath Sudhih || 2 ||

Bharya Tasya Pramugdha Cha
Sarojavadana Sati |
Bhadrasheelanadi Tire Satyasya
Vratam Acharat || 3 ||

Etasmin Antare Tatra Sadhu Ekas
Samagatah |
Vanijartham Bahudhanair Anekaih
Paripooritah || 4 ||

Navam Sansthapy Tat Tire Jagam Nripatim Prati |
Drishtva Sa Vratinam Bhupam Prapaccha Vinayanvitah || 5 ||

Sadhu Uvacha:
Kimidankurushre Rajan Bhaktiyuktena Chetasah |
Prakashankuru Tatsarvam Shrotum Icchami Sampratam || 6 ||

Rajo Vacha:
Poojanakriyate Sadho Vishnor Atulatejasah |
Vratam Cha Swajanaih Sardham Putradyavapti Kamyayah || 7 ||

Bhoopasya Vachanam Shrutva Sadhu Pravacha Sadarah |
Sarvankathay Me Rajan Karishye Ahantavoditam || 8 ||

Mama Api Santatir Nasti
Hyetasmajjayate Dhruvam |
Tato Nivrttya Vanijya Thasanando
Griham Agatah || 9 ||

Bharyai Kathitam Sarvam Vratam
Santati Dayakam |
Tada Vratam Karishyami Yada Me
Santatir Bhavet || 10 ||

Iti Leelavati Praha Patni Sadhus
Sattamah |
Ekasmin Divesa Tasya Bharya
Leelavati Sati || 11 ||

Bhartreyukta Anandachittah
Abhavadh Dharmaparayana |
Garbhini Saabhavat Tasya Bharya
Satya Prasadatah || 12 ||

Dashame Masi Vai Tasyah Kanya
Ratnam Ajayat |

Dine Dine Sa Vavriddhe
Shuklapakshe Yatha Shashi || 13 ||

Namna Kalavati Cheti Tannamakaran
Kritah |
Tato Leelavati Praha Swamin
Madhuram Vanchah || 14 ||
Na Karoshi Kimartham Vai Pura
Sankalpitam Vratam |

Sadhu Uvacha:
Vivaha Samaye Tvasya Karishyami
Vratam Priye || 15 ||

Iti Bharyam Samashvasy Jagam
Nagaram Prati |
Tatah Kalavati Kanya Vavriddhe
Pitruveshmani || 16 ||

Drishtva Kanya Tantah Sadhu
Nrugare Sakhibhis Sah |
Mantrayantva Drut Dootam
Prasheyamas Dharmavit || 17 ||

Vivahartham Cha Kanyaya Varam
Shreshtham Vincharay |
Tena Ajnaptah Dootah Asau
Kanchan Nagaram Yayau || 18 ||

Tasmad Ekam Vanikputram
Samadayagato Hi Sah |
Drishtva Tu Sundarambalam
Vanikputra Gunanvitam || 19 ||

Jnatibhir Bandhubhis Sardham
Paritushten Chetasah |
Dattavan Sadhu Putraya Kanyam
Vindhividhanatah || 20 ||

Tato Abhagyavashat Ten Vismritam
Vratam Uttamam |
Vivahasamaye Tasyas Tena Rushtho
Bhavat Prabhu || 21 ||

Tatah Kalena Niyato Nijakarma
Visharadah |

Vanijyarthantat Shighra Jamatru
Sahito Vanik || 22 ||

Ratnasarpure Ramye Gatva Sindhu
Sameepatah |
Vanijyam Akaro Thsadhur Jamatra
Shrimata Sah || 23 ||

Tau Gatau Nagare Ramye
Chandraketorn Nripasya Cha |
Etasminnev Kale Tu Satyanarayanah
Prabhu || 24 ||

Bhrashtapratijnamalokya
Shapantasmai Pradattavan |
Daruna Kathina Cha Asya Mahad
Duhkham Bhavishyati || 25 ||

Ekasmindivase Rajno Dhanam
Adaya Taskarah |
Tatra Eva Chagat Chaura Vanijau
Yatra Samsthita || 26 ||

Tatpashchat Dhavaka Doota Drishtva
Bhiten Chetasah |
Dhanam Sansthapy Tatra Eva Sa Tu
Shighram Alakshitah || 27 ||

Tato Dootas Samayata Yatraste
Sajjano Vanik |
Drishtva Nripadhan Tatra Baddhva
Aneetau Vaniksutau || 28 ||

Harshe Dhavamanaashcha Prochur
Nripasameepatah |
Taskarau Dvau Samanitau Vilokya
Ajnapaya Prabho || 29 ||

Rajna Ajnapta Tath Shighra Dhridha
Baddhva Tu Taubhau |
Sthapitau Dvau Mahadurge Karagare
Avicharat || 30 ||

Mayaya Satyadevasya Na Shruta
Kaistayor Vachah |

Atastayordhanam Rajna Grihit Cha
Chandraketuna || 31 ||

Tachchhapachcha Tayorgehe Bharya
Cha Evati Duhkhita |
Chaurena Aphritam Sarva Grihe Yad
Cha Sthita Dhanam || 32 ||
Adhivyadhisamayukta Khutpipashati
Duhkhita |

Annachinta Para Bhutva Babhram
Cha Grihe Grihe |
Kalavati Tu Kanyaapi Babhram
Prativasaram || 33 ||

Ekasmindivase Yata Khudarta
Dvijamandirum |
Gatva Apashyad Vratatatra
Satyanarayanasya Cha || 34 ||

Upavishya Katham Shrutva Varam
Prarthitavatapi |

Prasada Bhakshan Kritva Yayau
Ratra Griham Prati || 35 ||

Mata Kalavati Kanya Kathayamas
Prematah |
Putri Ratra Sthita Kutra Kimante
Manasi Vartate || 36 ||

Kanya Kalavati Praha Mataram Prati
Satvaram |
Dvijalay Vratam Matardrishtam
Vanchitasiddhidam || 37 ||

Tachchrutva Kanyaka Vakyam
Vratam Kartum Samudyatah |
Sa Muda Tu Vanigbharya
Satyanarayanasya Cha || 38 ||

Vratam Chakre Saiva Sadhvi
Bandhubhis Svajanaih Sah |
Bhartrujamatarau Shipram
Agacchetam Swamashramam || 39 ||

Aparadha Cha Me Bharturjamatuh,
Kshantumarhasi |
Vratena Anena Tushto Asau
Satyanarayanah Punah || 40 ||

Darshayamas Swapnam Hi
Chandraketu Nripottamam |
Bandinau Mochaya Pratar Vanijau
Nripasattamam || 41 ||

Deya Dhanam Cha Tat Sarva Grihitva
Yayat Tvaya Adhuna |
No Chettva Nashayishyami
Sarajyadhanaputrakam || 42 ||

Evam Abhashya Rajan Dhyana
Gamyo Abhavat Prabhu |
Tatah Prabhat Samaye Raja Cha
Swajanaih Sah || 43 ||

Upavishya Sabhamadhye Praha
Swapnajanam Prati |

Baddhau Mahajanau Shighram
Mochay Dvau Vaniksutau || 44 ||

Iti Rajno Vacha Shrutva Mochayitva
Mahajanau |
Samaniy Nripasya Agre Prahustah
Vinayanvitah || 45 ||

Aneetau Dvau Vanikputrau Muktau
Nigadabandhanat |
Tato Mahajanau Natva Chandraketu
Nripottamam || 46 ||

Smarantau Purva Vrittantam
Nochaturbhayavihvalau |
Raja Vaniksutau Viksya Vachah
Pravacha Sadarah || 47 ||

Devatpraptam Mahad Duhkham
Idani Naasti Vai Bhayam |
Tada Nigadasantyagankshaurakarma
Adyakarayat || 48 ||

Vastralankarak Dattva Paritoshya
Nripashcha Tau |
Puraskritya Vanikputrau Vachasat
Oshayad Brisham || 49 ||

Puraneetantu Yad Dravya Dvigu
Nikrutya Dattavan |
Provacha Cha Tato Raja Gaccha
Sadhu Nijashramam || 50 ||

Rajanam Pranipatyah Gantavyantvat
Prasadatah |
Ityuktva Tau Mahavaishyo Jagmatu
Svagriham Prati || 51 ||

|| Iti Shri Skandapurane Revakhande
Shri Satyanarayan Vrat Kathaya Tritiyo
Adhyayah || 3 ||

Atha Chaturtho Adhyayah

Suta Uvacha:

Yatraantu Kritavan Sadhur
Mangalayana Purvikam |
Brahmanebhyo Dhanadattva Tada Tu
Nagaram Yayau || 1 ||

Kiyad Doore Gate Sadho
Satyanarayanah Prabhu |
Jijnasa Kritavanta Sadho Kimasti
Tava Nausthitam || 2 ||

Tato Mahajanau Mattau Helaya Cha
Prahasya Vai |
Katham Prricchasi Bho Dandin
Mudra Nnetu Kim Icchasi || 3 ||

Latapatradik Chaiva Vartate Taranu
Mama |
Nisthura Cha Vachash Shrutva Satya
M Bhavatu Te Vachah || 4 ||

Evamuktva Gata Shighra Dandi
Tasya Sameepatah |
Kiyad Doore Tato Gatva Sthita
Sindhu Sameepatah || 5 ||

Gate Dandini Sadhu Cha
Kritanityakriyastada |
Utthita Natarani Drishtva Vismaya
Paramam Yayau || 6 ||

Drishtva Latadik Chaiva Murchhito
Nyapatad Bhuvi |
Labdha Sanjno Vanikputrastatash
Chintanvitah || 7 ||

Tada Tu Duhituh Kanto Vachanch
Edam Abraveet |
Kimarth Kriyate Shokash Shapo
Dattashcha Dandina || 8 ||

Shakyate Tena Sarvam Hi Kartu
Chatra Na Sansayah |

Atastat Sharanam Yammo
Vanchhitartho Bhavishyati || 9 ||

Jamatuh Vachanam Shrutva
Tatsakasha Ngatastada |
Drishtva Cha Dandin Bhaktya Natva
Provacha Sadarah || 10 ||

Kshamasva Cha Aparadham Me
Yadukta Ntava Sannidhau |
Evam Punah Punah Natva
Mahashoka Akulo Abhavat || 11 ||

Provacha Vachan Dandi Vilapantam
Vinlokya Cha |
Ma Rodi Shrinu Mamadvakyam Mam
Pooja Bahirmukhah || 12 ||

Mamajnyaya Cha Durbuddhe Labdha
Duhkham Muhur Muhuh |
Tachchrutva Bhagavad Vakyam Stuti
Kartum Samudyatah || 13 ||

Sadhu Uvacha:
Tvanmaya Mohita Sarve
Brahmadyastridivauksah |
Na Jananti Gunan Rupan
Tvashcharyam Idam Prabho || 14 ||

Mudho Ahantva Kathan Jane
Mohitas Tvam Maya Ya |
Prasid Pujayishyami Yathavibhava
Vistaraih || 15 ||

Pura Vitta Cha Tat Sarvantrahi Mam
Sharanagatam |
Shrutva Bhaktiyutam Vankyam
Paritushto Janardanah || 16 ||

Varam Cha Vanchhit Dattva Tatra Eva
Antardad Harih |
Tato Navam Samaruhya Drishtva
Vittaprapooritam || 17 ||

Kripaya Satya Devasya Safalam
Vanchhitam Mam |

Ityuktva Swajanaih Sardham Pooja Kritva Yathavidhi || 18 ||

**Harshe Nachabhavat Purnah Satya Devaprasadatah |
Navam San Yonjya Yatnen Swadesh Gamana Kritam || 19 ||**

**Sadhu Jamataram Praha Pashya Ratnapuri Mam |
Dootan Cha Preshayamas Nijavittasya Rakshakam || 20 ||**

**Tato Asau Nagarang Gatva Sadhu Bharyam Vinlokya Cha |
Provacha Vanchhitam Vankyan Natva Baddhanjali Tada || 21 ||**

**Nikate Nagarasyaiva Jamatra Sahito Vanik |
Agato Bandhuvargaischa Vittaischa Bahubhiryutah || 22 ||**

Shrutva Dootamukhad Vakyam
Mahaharsavati Sati |
Satya Poojan Tatah Krutva Provacha
Tanuja Mprati || 23 ||

Vrajam Shighram Agaccha Sadhu
Sandarshanaya Cha |
Iti Matru Vachash Shrutva Vratam
Krutva Samapya Cha || 24 ||

Prasadach Cha Parityajya Gata Sa
Api Patim Prati |
Tena Rushta Satya Devo
Bhartarantarani Ntatha || 25 ||

Samhrty Cha Dhanais Sardham Njale
Tasyavamajjayat |
Tatah Kalavati Kanya Na Vilokya Nij
Patim || 26 ||

Shokena Mahata Tatra Rudanti Cha
Apatad Bhuvi |

Drishtva Tathavidha Naavankanaya
Cha Bahudukhitam || 27 ||

Bheetena Manasa Sadhu
Kimashcharyam Idam Bhavet |
Chintyamana Cha Te Sarve
Babhuvustarivahakah || 28 ||

Tato Leelavati Kanya Drishtva Sa
Vihvala Abhavat |
Villalapatiduhkhena Bhartar Cha
Edam Abraveet || 29 ||

Idani Nau Kaya Sardham Katham So
Abhudalakshitah |
Na Jane Kasya Devasya Helaya
Chaiva Sa Hrta || 30 ||

Satya Devasya Mahatmya Jnatum
Vankena Shakyate |
Ityuktva Villalapaiva Tatash Cha
Swajanaih Sah || 31 ||

Tato Leelavati Kanya Kraude Krutva Rurodah |
Tatah Kalavati Kanya Nashthe Swamini Duhkhita || 32 ||

Grihitva Paduke Tasyanugatu Cha Manodadhe |
Kanyayash Charit Drishtva Sabharya Sajjano Vanik || 33 ||

Atishoken Santaptach Chintayamas Dharmavit |
Hritam Va Satya Devena Bhranto Ahams Satyamaya || 34 ||

Satya Poojan Karishyami Yathavibhava Vistaraih |
Iti Sarvan Samahuuya Kathayitva Manoratham || 35 ||

Natva Cha Dandavad Bhumau Satya Devam Punah Punah |

Tatastu Sushtha Satya Devo
Dinanam Paripalakah || 36 ||

Jagad Vachan Cha Ena Kripay
Bhaktavatsalah |
Tyaktva Prasadante Kanya Pati
Drashtum Samagata || 37 ||

Ato Adrishto Abhavattasyah
Kanyakayah Patirdhruvam |
Grihang Gatva Prasadach Bhuktva
Sa Ayati Cet Punah || 38 ||

Labdhabhartree Suta Sadho
Bhavishyati Na Sansayah |
Kanyaka Tadrisham Vankyam
Shrutva Gaganamandalat || 39 ||

Shiprantada Grihang Gatva
Prasadach Bubhoja Sa |
Pashchat Sa Punaraagaty Dadarsh
Swajan Pati || 40 ||

Tatah Kalavati Kanya Jagad Pitram Prati |
Idani Cha Griham Yahi Vilamba Nkurushe Katham || 41 ||

Tachchrutva Kanyakavakyam Santushto Abhudo Vaniksutah |
Poojanam Satya Devasya Kritva Vidhi Vidhanat || 42 ||

Dhanair Bandhu Ganais Sardham Jagam Nijamandirum |
Pournamasya Cha Sankrantau Krutavan Satyasya Poojanam || 43 ||

Ihaloke Sukha Bhuktva Chante Satyapuram Yayau || 44 ||

II Iti Shri Skandapurane Revakhande Shri Satyanarayan Vrat Kathaya Chaturtho Adhyayah II

Atha Panchamo Adhyayah

Suta Uvacha:

Athan Yachcha Pravakshyami
Shrunudhvam Munisattamah |
Asit Tungadhwajo Raja Prajapalan
Tatparah || 1 ||

Prasadam Satyadevasya Tyaktva
Duhkham Avapa Sah |
Ekada Sa Vanang Gatva Hatva
Bahuvidhan Pashoon || 2 ||

Agatya Vatamoolam Cha Drishtva
Satyasya Poojanam |
Gopah Kurvanti Santushta
Bhaktiyukta Sah Bandhavah || 3 ||

Raja Drishtva Tu Darpena Na Gato
Na Nanam Sah |
Tato Gopagana Sarve Prasad
Nripasannidhau || 4 ||

Sthapya Punaraagaty Bhuktatva
Sarve Yathepsitam |
Tatah Prasadam Santyajya Raja
Duhkham Avapa Sah || 5 ||

Tasya Putrashat Nashtha
Dhanadhanya Adik Cha Yat |
Satyadevena Tatsarvam Nashitam
Mam Nishchitam || 6 ||

Atastatraiva Gacchami Yatra
Devasya Poojanam |
Manasa Tu Vinishchitya Yayau
Gopalasannidhau || 7 ||

Tato Asau Satyadevasya Pooja
Gopaganai Sah |
Bhakti Shraddhanvito Bhutva Chakar
Vidhina Nripah || 8 ||

Satyadevaprasadena
Dhanaputranvito Abhavat |

Ihaloke Sukha Bhuktatva Chante Satyapuram Yayau || 9 ||

Ya Idankurute Satyavratam Paramadurlabham |
Shrinoti Cha Katham Punya Ambhaktiyukta Phalapradam || 10 ||

Dhanadhanya Adikantasya Bhavet Satyaprasadatah |
Daridro Labhate Vitta Bandho Muchyet Bandhanat || 11 ||

Bheeto Bhayaat Pramuchyet Satyameva Na Sansayah |
Ipshitam Cha Phalabhuktva Chante Satyapuram Vranjet || 12 ||

Iti Vah Kathitam Vinpra Satyanarayan Vratam |
Yat Kritva Sarvaduhkebhyo Mukto Bhavati Manavah || 13 ||

Visheshatah Kaliyuge Satyapooja
Phalaprada |
Kechit Kalam Vandishyanti
Satyamisha Ntameva Cha || 14 ||

Satyanarayan Kechi T Satyadeva
Ntatha Pare |
Nanaroopadharo Bhutva Sarvesham
Ipsitapradam || 15 ||

Bhavishyati Kalau Satyavratarupi
Sanatanah |
Shrivishnuna Dhritam Rupam
Sarvesham Ipsitapradam || 16 ||

Ya Idampathate Nityam Shrinoti
Munisattamah |
Tasya Nashyanti Papani
Satyadevaprasadatah || 17 ||

Vratam Yainstu Kritam Purvam
Satyanarayanasya Cha |

Tesha Antavaparajanmani Kathayami Munishwarah || 18 ||

Shatanando Mahaprajnah Sudama Brahmano Hyabhut |
Tasmijnjanmani Shrikrishna Dhyatva Moksham Avapah || 19 ||

Kashtabharavaho Bhillo Guharajo Babhuvah |
Tasmijnjanmani Shriramam Sevya Moksha Jagam Vai || 20 ||

Ulkamukho Maharajo Nripo Dasharatho Abhavat |
Shriranganatham Sampujya Shrivaikuntha Ntadagatam || 21 ||

Dharmik Satyasandhah Cha Sadhur Moradhwajo Abhavat |
Deharadha Krkachaish Chittva Datva Moksham Avapah || 22 ||

Tungadhwajo Maharaja
Svayambhuvo Abhavat Kil |
Sarvan Bhagavatan Krutva
Shrivaikuntha Tada Agamat || 23 ||

Bhutva Gopashcha Te Sarve
Vrajamandalavasinah |
Nihaty Rakshasan Sarvan Golokantu
Tada Yayuh || 24 ||

II Iti Shri Skandapurane Revakhande
Shri Satyanarayan Vrat Kathaya
Panchamo Adhyayah II

Shri Skanda Purane ke Revakhanda mein varnit

Shri Satyanarayan Vrat ki Katha

(Hindi Anuvad)

Adhyay 1

Shri Satyanarayan ki Mahima tatha Vrat ki Vidhi

Ek bar Naimisharanya tirth mein sahastron rishi-muni ekatrit the. Shaunak adi muniyon ne puranon ke mahan vidvan Sootji se nivedan kiya —"Aisa kaun-sa vrat aur tap hai, jiske palan se manushya ko manchaha phal mil sake? Hum sab use sunna chahte hain, kripa karke kahiye."

Sootji ne uttar diya—"Aisa hi prashn purvakal mein Devarishi Narad ne kiya tha. Jo upadesh Bhagwan Lakshmipati ne unhe diya tha, vahi main aapko sunata hoon."

Naradji lok-kalyan ki bhavana se vibhinn lokon ki yatra karte hue mrityu lok mein aaye. Vahan unhone dekha ki jeev apne paapon ke karan anek prakar ki yoniyon mein janm lekar aseem dukh bhog rahe hain. Yah drishya dekhkar unke man mein karuna utpann hui—"In pranion ko dukh se mukt karne ka upay kya ho sakta hai?" Is vichar se ve Vishnulok pahunche.

Vahan unhone Bhagwan Vishnu ke darshan kiye, jo shankh, chakra, gada aur padma dharan kiye the aur jinke gale mein vanmala sushobhit thi. Naradji ne stuti kar kaha—"He anant shaktidhari Prabhu, aapko pranam hai. Aap hi adi, madhya aur ant se rahit param atma hain."

Bhagwan Vishnu ne prasann hokar puchha—"He Narad! Tumhare man mein kya vichar hai?"

Naradji ne nivedan kiya—"He Prabhu! Mrityu lok mein log apne karmon ke karan dukh pate hain aur bar-bar janm-maran ke chakra mein phaste hain. Kripa karke unke uddhar ka koi saral upay batayiye."

Bhagwan bole—"He Narad! Tumne lokkalyan ki drishti se atyant uttam prashn kiya hai. Ek vrat hai, jo swarg aur mrityu lok dono mein durlabh hai, parantu iske karne se jeev moh se mukt ho jata hai. Yahi Satyanarayan Vrat hai. Ise shraddha aur vidhipurvak karne se tatkal sukh prapt hota hai aur ant mein moksh ki prapti hoti hai."

Naradji ne puchha—"Prabhu! Is vrat ka phal kya hai aur ise kab va kis prakar karna chahiye?"

Bhagwan Vishnu ne uttar diya—"Yah vrat dukh aur shok ko door karne wala, dhan-sampatti aur saubhagya dene wala, santan aur vijay ka pradata hai. Manushya kisi bhi din shraddhapurvak brahman ki sahayata se aur apne parivar sahit sayankal iska poojan kar sakta hai.

Ismein kele, ghee, doodh aur gehun ke aate se bane 'savaye' ka naivedya arpit karen. Yadi gehun uplabdh na ho to chawal ke aate ka upyog karen aur shakkar ke sthan par gud mila den. Pooja ke pashchat katha sunen, prasad grahan karen, brahmanon ko dakshina den tatha unhe bhojan karayen. Phir sab log Bhagwan ka

smaran karte hue prasad lekar ghar laut jayein.

Jo bhakt is prakar Satyanarayan vrat-poojan karta hai, uski sabhi manokamnaen poorn hoti hain. Visheshkar Kaliyug mein yah vrat atyant saral aur phaldayi hai."

Is prakar Shri Skandpuran ke Revakhanda mein Shri Satyanarayan Vrat Katha ka pratham adhyay samapt hota hai.

Adhyay 2

Nirdhan Brahman tatha Lakadhare ki Katha

Sootji bole – "Ab main aapko batata hoon ki is vrat ko sabse pehle kisne kiya tha. Prachin kaal mein Kashipuri namak pavitra nagari mein ek brahman rahta tha. Vah atyant nirdhan tha aur bhukh-pyaas se peedit hokar jagah-jagah bhiksha ke liye bhatkata rahta tha.

Uske dukh se dravit hokar Bhagwan Vishnu ne ek vriddh brahman ka roop dharan kiya aur uske sameep jakar snehpurvak puchha – 'He vipra! Tum nirantar dukh bhogte hue is dharti par kyon bhatakte rahte ho? Iska karan batao.'

Brahman ne uttar diya – 'Main atyant nirdhan hoon. Jeevan nirvah ke liye bhiksha par nirbhar hoon.

Yadi is nirdhanata ko door karne ka koi upay aap jaante hon to kripa karke mujhe batayiye.'

Tab vriddh brahman bane swayam Bhagwan ne kaha — 'Vishnu ka Satyanarayan swaroop manvanchhit phal dene wala hai. Unka vrat aur poojan karne se sabhi prakar ke dukh door ho jate hain.'

Itna karke Bhagwan vahan se antardhyan ho gaye.

Us nirdhan brahman ne man mein nishchay kiya ki vah avashya hi yah vrat karega. Is sankalp se vah itni utkantha mein raha ki ratbhar use neend nahi aayi. Doosre din bhiksha mangne nikla to us din use apeksha se kahin adhik daan prapt hua. Usi dhan se usne apne parivarjanon ke saath milkar Shri Satyanarayan vrat ka ayojan kiya. Vrat ke prabhav se uska dukh mit gaya aur vah samruddh ho gaya. Tab se vah brahman pratimasa yah vrat karne laga aur antatah saare paapon se mukt hokar moksh ko prapt hua.

Isi samay ek lakadhara, lakadiyon ka bojh utaarkar pyaas bujhane ke liye us brahman ke ghar pahuncha. Usne vahan poojan hota dekha aur adarpurvak brahman se puchha — 'He prabho! Aap yah kaun-sa poojan kar rahe hain? Kripa karke vistar se batayiye.'

Brahman ne uttar diya — 'Yah Satyanarayan vrat hai, jo manushya ki sabhi ichchhayein poori karta hai. Isi vrat ki kripa se mujhe dhan-dhanya aur sukh mila hai.'

Yah sunkar lakadhara atyant prasann hua. Usne prasad aur jal grahan kiya aur lakadiyan bechne nagar ki or chala gaya. Marg mein usne nishchay kiya ki aaj lakadiyan bechkar jo dhan milega, usse main bhi Satyanarayan vrat karoonga.

Lakadiyan bechne par use unki duguni keemat mili. Vah prasann man se kele, shakkar, ghee, doodh aur gehun ka aata lekar lauta. Ghar aakar usne apne parijanon ke saath milkar shraddha-bhakti se vrat sampann kiya. Vrat ke prabhav se vah dhanvaan aur putravaan hua, jeevan bhar sukh bhoga aur ant mein Bhagwan Satyanarayan ke lok ko prapt hua."

Is prakar Shri Skandpuran ke Revakhanda mein Shri Satyanarayan Vrat Katha ka dvitiy adhyay samapt hota hai.

Adhyay 3

Raja Ulkamukh, Sadhu Vanik, Lilavati-Kalavati ki Katha

Sootaji bole — "He Muniyon! Ab main aapko ek aur katha sunata hoon. Prachin samay mein Ulkamukh naamak ek dharmanishth raja tha. Vah satyavadi, indriyon par vijay prapt karne wala aur daani tha. Pratidin devalayon mein jakar pooja karta aur daridron ko daan dekar unke dukh door karta tha. Uski patni bhi sati, pativrata aur atyant sundar thi. Donon ne milkar Bhadrashila nadi ke kinare Satyanarayan Bhagwan ka vrat sampann kiya.

Usi samay vahan Sadhu naam ka ek vaishya pahuncha. Uske paas bahut-sa dhan tha aur vah vyapar ke kaary se vahan aaya tha. Jab usne raja ko vrat karte dekha to vinamrataapoorvak bola — "Rajan!

Aap kis devata ka vrat kar rahe hain, kripya mujhe bhi bataiye."

Raja Ulkamukh ne uttar diya — "He Vaishya! Main parivaar sahit santan-prapti ki kamna se Mahashaktishali Satyanarayan Bhagwan ka vrat kar raha hoon."

Raja ke vachan sunkar Sadhu vaishya ne aadarapoorvak kaha — "Maharaj, kripya iska vidhan mujhe bhi bataiye. Mere yahan bhi santan nahin hai. Main aapke kathan anusaar yah vrat karunga."

Raja se vidhan jaanakar Sadhu vaishya ghar lauta aur apni patni Lilavati se is santanadayee vrat ka samachar saanjha kiya. Usne pran kiya ki jab santan prapt hogi tabhi vah is vrat ko sampann karega.

Kalantar mein Lilavati garbhavati hui aur dasven mah mein usne ek sundar kanya ko janm diya. Kanya ka naam Kalavati rakha gaya. Uske janm ke baad Lilavati ne pati ko smaran dilaya — "Aapne vrat karne ka jo sankalp liya tha, ab use poora kijiye."

Vaishya ne kaha — "Priye! Main kanya ke vivaah ke avsar par yah vrat avashya karunga." Aur aashwasan dekar vah vyapar ke liye nikal pada. Bahut dinon baad lautne par usne nagar mein apni putri ko sakhiyon ke saath khelte dekha. Phir usne doot ko bhejkar yogy var ki khoj karne ka aadesh diya.

Doot Kanchannagar gaya aur vahan se ek upyukt vanik putra ko var ke roop mein lekar aaya. Sadhu vaishya ne prasannchitt hokar kanya Kalavati ka vivaah us vanik putra se kar diya. Kintu vivaah ke avsar par bhi vah Satyanarayan vrat karna bhool gaya.

Is bhool se Bhagwan kruddh hue aur use shaap diya ki ab use darun dukh bhogne honge.

Sadhu vaishya aur uska jamata vyapar hetu navon ke saath Ratnasarpur naamak nagar pahunche. Yah nagar raja Chandraketu ka tha. Ve donon vahan thahar kar vyapar kar rahe the. Tabhi Bhagwan ki leela se prerith hokar ek chor raja ka dhan churakar bhaga aur peecha karne par bhaybhit hokar vah dhan Sadhu vaishya ki naav mein chhupakar chala gaya.

Raja ke sainikon ne dhan usi naav mein paya aur sasur-jamai ko chor samajhkar bandh liya. Bina kuchh sune raja ne unhe karagar mein daalne aur unka dhan jabt karne ka aadesh de diya.

Udhar ghar par Lilavati aur Kalavati par vipatti aa padi. Choron ne unke ghar ka bhi dhan chura liya. Donon dukhi aur niraash ho gayin. Bhookh-pyaas aur dukh se vyakul Kalavati ek din bhojan ki talash mein bahar nikli aur ek brahman ke ghar pahunchee. Vahan usne Satyanarayan vrat hote dekha. Usne katha suni aur prasad grahan kar lauti.

Ghar pahunchnne par mata ne usse poocha — "Putri! Tu kahan gayi thi aur itni prasann kyon dikh rahi hai?"

Kalavati ne uttar diya — "Mata! Mainne ek brahman ko Satyanarayan Bhagwan ka vrat karte dekha hai."

Yah sunkar Lilavati ne turant poojan ki tayyari ki aur parivarjanon ke saath vrat kiya. Usne Bhagwan se prarthana ki — "He Prabhu! Mere pati aur damad ko karagar se mukt kar ghar lautaiye aur hamare apradh kshama kijiye."

Bhagwan vrat se prasann hokar raja Chandraketu ke swapn mein prakat hue aur kaha — "Tumne jin donon vaishyon ko kaid kiya hai ve nirdosh hain. Unhe turant mukt karo, anyatha tumhara dhan, raajya aur parivaar sab nasht ho jaayega."

Praatah raja ne swapn ki baat sabha mein batayi aur aadesh diya ki donon vaishyon ko turant riha kiya jaaye. Raja ne unhe aadarapoorvak vastrabhushan pehnaye aur jitna dhan unse liya tha uska doona lautakar sammaanapoorvak vida kiya.

Is prakar Sadhu vaishya aur uska jamata sakushal ghar laute."

Is prakar Shri Skandpuran ke Revakhanda mein Shri Satyanarayan Vrat Katha ka tritiya adhyay samapt hota hai.

Adhyay 4

Asatya bhashan tatha Bhagwan ke prasad ki avhelna ka parinaam

Sootaji ne kaha – Us vaishya ne shubh mangalacharan kar yatra aarambh ki aur apne nagar ki or chal pada. Tabhi maarg mein use Dandi roop mein prakat hue Shree Satyanarayan Bhagwan mile aur unhone usse poochha – "He Sadhu! Teri naav mein kya hai?"

Vaishya ne hanste hue uttar diya – "He Dandi! Aap yah kyon janana chahte hain? Kya aapko dhan ki ichchha hai? Meri naav mein to keval bel-patte bhare hain."

Uske ye kathor vachan sunkar Bhagwan ne kaha – "Tathastu! Jaisa tune kaha hai, vaisa hi ho." Yah karke ve vahan se door jakar samudra tat par baith gaye.

Bhagwan ke vahan se jaane ke baad, jab vaishya ne nityakarm poora kiya aur naav ko upar uthte dekha, to use badi aashcharyajanak sthiti dikhi. Naav sachmuch bel-patto se bhari thi. Yah dekhkar vah moorchhit hokar bhoomi par gir pada. Hosh aane par shok se bhar gaya. Tabhi uska damad bola – "Aap shok na karein. Yah Dandi Bhagwan ka shaap hai. Humein unki sharan lekar kshama maangni chahiye, tabhi hamari ichchha poori hogi."

Damad ki salah par vaishya Dandi Bhagwan ke paas pahuncha, vinamrataapoorvak pranam kiya aur kahne laga – "He Prabhu! Maine aapse jo asatya vachan kahe the, uske liye mujhe kshama karein." Yah kahte-kahte vah rone laga. Tab Bhagwan bole – "He Vaishyaputra! Meri aagya se tujhe bar-bar kasht mile hain, kyonki tu meri pooja se vimukh raha hai."

Vaishya ne haath jodkar kaha – "He Prabhu! Aapki maya aparampaar hai. Swayam Brahma aadi devata bhi aapke swaroop ko nahin jaante, to main ajnaani kaise jan pata? Aap prasann hoiye. Ab main apni samarthya ke anusar aapki pooja avashya karoonga. Meri raksha kijiye aur meri naav mein punah dhan bhar dijiye."

Uske bhaktipoorna vachan sunkar Bhagwan prasann hue aur ichchhanusaar vardaan dekar antardhaan ho gaye. Jab vaishya aur uska damad naav par pahunche to vah punah dhan-dhaanya se paripoorn dikhi. Unhone apne saathiyon sahit vahan Satyanarayan Bhagwan ki vidhipoorvak pooja ki aur nagar ki or chal pade.

Nagar ke samip pahunchar unhone doot ko ghar bheja. Doot ne jakar vaishya ki patni Lilavati ko pranam kiya aur kaha – "Tumhare pati aur damad nagar ke nikat pahunche chuke hain." Yah sunkar Lilavati ne atyant harshit hokar Satyanarayan Bhagwan ka poojan kiya aur apni putri Kalavati se kaha – "Main apne pati ke swagat hetu ja rahi hoon, tu prasad grahan kar karya poorn karke sheeghra aana."

Mata ki aagya sunkar Kalavati sheeghrata mein prasad arpan adhura chhodkar pati ke swagat hetu nikal gayi. Prasad ki avmana se Bhagwan rushth ho gaye aur naav sahit uske pati ko samudra mein vilin kar diya. Pati ke na milne par Kalavati vilaap karte hue bhoomi par gir padi. Use rota dekhkar aur naav ko dooba dekhkar vaishya bhi atyant dukhi hua aur prarthana karne laga – "He Prabhu! Mujhse aur mere parivaar se jo bhool hui hai, use kshama karein."

Vaishya ki deen prarthana sunkar Shree Satyanarayan Bhagwan prasann hue aur aakashvani hui – "He Sadhu! Teri kanya ne prasad ka anadar kiya hai, isliye uska pati adrushya ho gaya. Yadi vah ghar lautkar prasad grahan kare aur phir yahan aaye, to use uska pati punah milega."

Aakashvani ke anusaar Kalavati ghar gayi, prasad grahan kiya aur punah lauti to use apna pati surakshit dikhai diya. Yah dekhkar vah atyant

prasann hui. Iske baad Sadhu Vaishya ne apne parivarjanon aur bandhu-bandhavon sahit Shree Satyanarayan Bhagwan ki vidhipoorvak pooja-archana ki. Is prakar vah is lok mein sukhi jeevan vyateet kar ant samay mein Swargalok ko prapt hua.

Is prakar Shri Skandapurane ke Revakhanda mein Shri Satyanarayan Vrat Katha ka chaturth adhyay samapt hota hai.

Adhyay 5

Raja Tungadhvaj aur Gopganon ki Katha

Sootaji ne kaha – "He Rishigan! Ab main aapko ek aur prasang sunata hoon, dhyaanpoorvak sunein. Praja ke palan-poshan mein tatpar Tungadhwaj naam ka ek raja hua. Usne bhi ek baar Bhagwan ke prasad ka anadar kiya aur bhaari dukh bhoga.

Ek din vah shikaar khelne jungle gaya aur pashu-pakshiyon ka vadh kar thaka-haara ek bade bargad ke neeche aa baitha. Vahan usne gvaalon ko apne parivaar sahit atyant shraddha aur bhakti se Shree Satyanarayan Bhagwan ka poojan karte dekha. Kintu ahankaar se bharkar raja na to pooja-sthan mein gaya aur na hi Bhagwan ko pranam kiya.

Gvaalon ne prempoorvak use prasad diya, parantu raja ne uska bhi anadar kiya aur vahi chhodkar apne nagar laut gaya. Jab vah nagar pahuncha to dekha ki sab kuch nashṭ-bhrasht ho chuka hai. Tab use samajh mein aaya ki yah sab Bhagwan ke apmaan ka hi phal hai.

Pashchataap se vyakul hokar vah punah gvaalon ke paas gaya, vidhi-vat pooja ki aur prasad grahan kiya. Tab Shree Satyanarayan Bhagwan ki kripa se uske nagar ka sab kuch poorvavat ho gaya.

Deerghakaal tak sukh-sampatti ka anand lekar ant samay mein raja ko Swargalok ki prapti hui. Is prakar, jo koi manushya is param durlabh vrat ka vidhipoorvak paalan karta hai, use Bhagwan Satyanarayan ki kripa se dhan-dhaanya aur santati ki prapti hoti hai, bhay ka naash hota hai aur sab manorath poorn hote hain. Ant mein vah bhakt Vaikunthdhaam ko jata hai.

Iske baad Sootaji ne aage kaha – “Ab main un logon ke agle janm ki katha bhi batata hoon jinhone pehle is vrat ka paalan kiya tha. Vriddh Shatanand braahman ne agle janm mein Sudaama roop dhaaran kar moksh paaya. Lakadhara Nishaad ke roop mein janma aur mukti ko prapt hua. Ulkamukh raja Dasharath ke roop mein janm lekar Vaikunth ko gaya. Sadhu naam ka vaishya Moradhwaj bana aur apne putra ko aare se cheerkar bhi Bhagwan ki kripa se mukti prapt ki. Raja Tungadhwaj Swayambhoo roop mein utpann hua

aur Bhagwan mein bhakti karke moksh ko prapt hua."

Is prakar katha sunkar sabhi rishi-muniyon ne aadarpoorvak Shreehari ko pranam kiya.

Is prakar Shri Skandapurane ke Revakhanda mein Shri Satyanarayan Vrat Katha ka pancham adhyay samapt hota hai.

Aarti – Om Jai Jagdish Hare

Om Jai Jagdish Hare,
Swami Jai Jagdish Hare |
Bhakt janon ke sankat,
Das janon ke sankat,
Kshan mein door kare |
Om Jai Jagdish Hare ||

Jo dhyave phal pave,
Dukh bin se man ka,
Swami dukh bin se man ka |
Sukh sampati ghar aave,
Sukh sampati ghar aave,
Kasht mite tan ka |
Om Jai Jagdish Hare ||

Maat pita tum mere,
Sharan gahoo kiski,
Swami sharan gahoo main kiski |
Tum bin aur na dooja,
Tum bin aur na dooja,

Aas karoon main jiski |
Om Jai Jagdish Hare ||

Tum poorn paramatma,
Tum antaryami,
Swami tum antaryami |
Parabrahma parameshwar,
Parabrahma parameshwar,
Tum sab ke swami |
Om Jai Jagdish Hare ||

Tum karuna ke sagar,
Tum palankarta,
Swami tum palankarta |
Main moorkh falakami
Main sevak tum swami,
Kripa karo bharta |
Om Jai Jagdish Hare ||

Tum ho ek agochar,
Sabke praanpati,
Swami sabke praanpati |
Kis vidhi miloon dayamay,

Kis vidhi miloon dayamay,
Tumko main kumati |
Om Jai Jagdish Hare ||

Deen-bandhu dukh-harta,
Thakur tum mere,
Swami rakshak tum mere |
Apne haath uthao,
Apne sharan lagao
Dwar pada tere |
Om Jai Jagdish Hare ||

Vishay-vikar mitaao,
Paap haro deva,
Swami paap haro deva |
Shraddha bhakti badhao,
Shraddha bhakti badhao,
Santan ki seva |
Om Jai Jagdish Hare ||

Shri Satyanarayan Ji Ki Aarti

Jai Lakshmi Ramana,
Swami Jai Lakshmi Ramana |
Satyanarayan Swami,
Jan paatak harana ||
Om Swami Jai Lakshmi Ramana
Ratan jadit singhasan,
adbhut chhavi raje |
Narad karat neerajan,
ghanta van baje ||
Om Swami Jai Lakshmi Ramana
Prakat bhaye Kalikaran,
dvij ko daras diyo |
Boodho brahman bankar,
kanchan mahal kiyo ||
Om Swami Jai Lakshmi Ramana
Durbal Bhil kathoro,
jin par kripa kari |
Chandrachood ek raja,
tinki vipatti hari ||
Om Swami Jai Lakshmi Ramana
Vaishya manorath payo,
shraddha taj dinhi |
So phal bhagyo Prabhuji,

phir stuti keenhi ||
Om Swami Jai Lakshmi Ramana
Bhav bhakti ke karan,
chin-chin roop dharyo |
Shraddha dharan keenhi,
tinko kaaj saro ||
Om Swami Jai Lakshmi Ramana
Gwal-baal sang raja,
ban mein bhakti kari |
Manvanchit phal dinho,
deen dayalu Hari ||
Om Swami Jai Lakshmi Ramana
Chadhat prasad savayo,
kadli phal mewa |
Dhoop-deep-tulsi se,
raji Satyadeva ||
Om Swami Jai Lakshmi Ramana
Satyanarayan Ji ki Aarti
jo koi nar gaave |
Rishi-siddh sukh-sampatti
sahaj roop paave ||
Om Swami Jai Lakshmi Ramana

9 789334 42652